三江線《さんこうせん》

SANKO LINE PHOTOBOOK

写真集

山河と人をむすぶ三江線

三江線は実に孤独なローカル線です。

中国山地を貫く江の川に沿って108㎞をゆっくりと走っていきますが、運転本数はまばらで、途中に大きな市街地は見当たりません。一面緑に包まれたトンネルに姿を消す時や、長い鉄橋を遠慮深そうにゴトゴトと音を残して走る姿を見ると思わず「ガンバレ」と心の中で叫んでしまいます。そんな控えめな姿が鉄道ファンの心を引き付けるのかも知れません。

この春、新幹線はついに北海道に繋がりました。開業を知らせるニュースの中で、多くの人々が新しい時代の到来を信じ、喜びの声をあげていました。

昭和50年、三江線にもこれに似た光景があったことを思い出します。

島根県江津市と広島県三次市の双方から少しずつ延びてきた三江北線と三江南線。その未開通の部分である浜原－口羽間が開通し、念願の全線開業に至りました。

時は高度経済成長期の真っ盛りで地方からの人口流出が盛んな頃でしたから、地元の鉄道に対する期待は大きなものがありました。

鉄道開通により人の往来が盛んになり、再び地域に活気が戻る。沿線に住む人の誰もが地域の悩みのすべてが解決したような気持ちになったと思います。当時、国鉄浜田車掌区の車掌であった私は、開通記念列車に乗務のチャンスをいただきました。４両編成の列車の最後尾で沿線の皆さんの切れ目のない歓迎を受け、敬礼で応えたのをついこの間のように感じています。

それから40年余、三江線は自動車の普及や道路の改良などにより利用者が減り、徐々に肩身を狭くしていきました。２両編成の列車は１両になり、運転本数が削減され、さらにワンマン運転にと形を変えてゆき地域の交通手段としての役割は極端に少なくなっていきました。

幾度か季節が移り、住む人々の世代が変わりましたが、列車は開業時と同じ線路を黙々と走り続けてきました。

鉄道を愛する人々の声援を一身に受け、「出発進行」。中国山地の山あいに、列車の音が響きわたります。

松島　道幸（元JR出雲市駅長）

日本海
NIHONKAI
大田市
OHDA
美郷町
MISATO
山陰本線
山陰自動車道
湯里
温泉津
石見福光
黒松
浅利
9
江津《ごうつ》
都野津
敬川
波子
山陰自動車道
江津本町《ごうつほんまち》
千金《ちがね》
川平《かわひら》
三江線
川戸《かわど》
江津市
GOTSU
261
田津《たづ》
石見川越《いわみかわごえ》
鹿賀《しかが》
因原《いんばら》
石見川本《いわみかわもと》
木路原《きろはら》
竹《たけ》
乙原《おんばら》
石見簗《いわみやな》
川本町
KAWAMOTO
261
邑南町
OHNAN
島根県
SHIMANE
浜田自動車道
浜田市
HAMADA
186
安芸高田市
AKITAKATA
0
5
10km

SANKO LINE PHOTOBOOK

MAP

開業前に植えられた桜は、線路とともにその歴史を刻み、
いまでは立派な桜並木へと育った。

春満開。菜の花の真っ黄色に染まった絨毯の上を進む。

桜の花が終わりを告げると、江の川沿いは萌黄色に染まる。
五月晴れでさらに彩りを増した中を走り抜けていく。

初夏。アユ漁の解禁とともに、江の川沿いのあちこちで
釣り人たちの姿を見かけるようになる。

10月10日、雲ひとつない秋晴れの夕刻にやってきた旧型車。
嬉しいサプライズに感謝。

9月も半ば。沿線では稲の収穫作業の音が響き始める。

収穫した稲を天日で乾かす稲架《はで》掛け作業。
いまでは珍しい風景になりつつある。

桜にはまだ早い、春の陽だまりの川平駅前。
ネコとともに、しばしの休憩。

雪が降り続いた日の午後。
いつもどおり、三次行きのディーゼルカーがやってきた。

浜原駅へ次々と降りてくる学生たち。いまでは通学利用も少なくなった。

山萌ゆる季節。
傾いた陽が列車にあたる瞬間を、沢谷の小高い丘から望む。

森へと続く線路の向こうから、列車の灯りが見えてくる。
列車はここから徐々に速度を上げていく。

眩《まばゆ》いばかりの萌黄色の中、ゆっくりと列車が通り過ぎていった。

一番列車が、白く雪化粧した谷へと顔を出す。

季節が春へと移ろうなか、汽笛とともに、一気に駆け抜けていった。

満開になった桜の下を神楽デザインの列車が走り抜ける。

晩秋の夕暮れ。
潮駅を発ち、夕陽に向かって走り去る列車を見送った。

蛙の鳴き声が響きわたる谷間の小さな駅。
最終列車同士が行き違う。

3,000本の竹灯籠が、神社への
参道や境内に並ぶ。
神楽殿では、勇壮な舞を見せる
石見神楽が夜更けまで続く。

棚田に朝陽が届く頃。
やってきた列車は、いつもより少し長い２両編成。

いまはなき、三次駅０番ホーム。
三江線専用だったこのホームは、
１番ホームを広島側へと歩いた
“離れ”にあった。

青空、新緑、そしてツツジ。
小さなこの駅も、彩りの季節を迎えた。

色あざやかなレンゲ畑。
春になると田一面がレンゲで覆われた光景も、いまではすっかり珍しくなった。

山々が少しずつ芽吹き始める頃。
新緑の萌黄色を見るたび、大地の生命力を感じる。

この地方特有の赤瓦の家々が、肩を寄せ合うように佇む。
その裾野を、今日もゆっくりと列車が通り過ぎていった。

川面にあざやかな艇が浮かぶカヌー公園の川開き。
２両編成の列車は、手を振る一団に見送られ進む。

線路際にある小さな神社。
列車を待つひとときは静まりかえり、神秘的な時間。

過ぎゆく春を惜しむような桜吹雪が、駅前の鳥居に降り注ぐ。

3月中旬、農作業に励む地元の方。
三江線開通当時の思い出を、嬉しそうに話してくれた。

線路に霜が降りるほど冷え込んだ朝。
朝陽に染まった三瓶山を背後に、三次行き列車がゆっくりと進んでくる。

夏の強い陽射しの中、第２江川橋梁を駆け抜ける。
江の川の本流を渡るこの橋梁は、増水に備えた橋脚のない構造。

石州瓦の家々が並ぶ集落を背に、赤と朱のコラボレーション。
朱色の気動車は定期列車では見ることができない。

日没前の強い陽射しが江の川へと注ぐ。
夕方の汽笛は今日も定刻。

銀杏も色づいた晩秋の夕刻。
斜光を浴びた列車が、ゆっくりと香淀駅へと滑り込む。

作木口駅近くで行なわれる、湊地区のとんど焼き。
列車の時間に合わせて火を入れ、そして見送った。

春の暖かい陽差しの中、桜満開の粕淵へと列車がやってきた。

江の川沿いの棚田の脇を、午後の列車がゆっくりと走り去ってゆく。

陽が沈み、水を湛えた棚田が青く染まる一時。
下り最終列車が通り過ぎていった。

新緑の季節へと移る頃、枝垂れ桜が咲き始める。
その川向こうをゆっくりと列車が通過していった。

夕刻の強い光は眩《まぶ》しく、
春の色をよりあざやかに
浮かび上がらせる。

オレンジ色に輝くもみじの中、神楽デザインの列車が
コトコトと音を立てて進む。

初秋の朝陽に照らされ、黄金色に輝く稲穂。
少しひんやりとした空気の中、三次行きの列車が走り抜ける。

尾関山公園の枝垂れ桜も、
すっかりと新緑の葉に変わる頃。
トンネルを抜けた列車が、初夏の
陽射しを浴び進む。

式敷駅付近の畦道には、新芽がのぞく。
日ごと色を増す風景が嬉しい季節。

さらさらと流れる音の中、列車がゆっくりと近づいてくる。
雄大な自然の中で感じる、贅沢なひととき。

馬洗川と西城川、そして江の川が
合わさる三次盆地の夏。

寒い季節の夕焼け。いつもより高く感じる空を見上げて。

明け始めた紅の空が始発列車を照らし、今日も列車の音が響きわたる。

三江線の初雪。
山から立ち上る水蒸気が朝陽を
浴びて輝いていた。
初雪は儚く、昼前には融けて
消えた。

谷間に山影が落ちた頃。
地上に映し出された天空の駅に
出会った。

宇都井駅の夜。
水鏡となった田んぼには、駅
全体がくっきりと映り込む。

年に一度。普段は静かな集落が輝く日。
夢のような世界に単行列車が滑り込んだ。

この辺りでは「楽《がく》うち」と呼ばれる秋祭りの練り行列。太鼓や笛の音が山あいの集落に響く。

江の川が金色に照らされる頃、
河畔をゆっくりと進む列車が
現れる。

蝉時雨の夏休み。
子どもたちは虫取り網を片手に、小さな旅へ出る。

雪の積もったホームを雪かきして、学生たちを出迎える。
やさしさを感じる日常の風景。

雪の朝、定刻で到着した上り始発列車。
遅れている下り始発列車を待つ。

積雪による倒木で列車が立ち往生した冬の日。
始発列車は１時間半の遅れでようやく駅へとたどり着いた。

近年稀にみる大雪に見舞われた１月下旬。
腰近くまである雪をかき分けてモーターカーへと急ぐ保線職員たち。
時折視界のきかなくなる猛吹雪の中、雪に埋もれた材料線のポイントを
懸命に掘り起こし、倒木処理の現場へと向かう。

雪化粧した谷間に朝陽が射し始める頃。
いつものように、上り一番列車が谷間を渡っていった。

三江線名物の陸閘門《りくこうもん》を颯爽と駆け抜ける。

快走する新線区間の車内から後方を
眺める。
朝陽に照らされた新緑が、あざやかに
輝いていた。

梅雨明け間際、川岸のねむの木に淡い花が咲く。
色濃い緑の中を早朝の三次行きが駆け抜ける。

宇都井からトンネル１つ先のこの場所でも、田植え作業が始まった。

５月は自然の営みを感じられる季節。
朝陽を浴びて、眩《まぶ》しく輝く新緑が江の川を包む。

短いトンネルが連続する区間。トンネルの向こうに
列車が見える瞬間は、いつも心が躍る気がする。

トンネルのすぐ脇に滝がある、三江線の隠れた名所。
線路際にある滝は、全国的にも珍しい。

双子大銀杏の横を秋の柔らかな陽差しを受け、
列車がゆっくりと通過していく。

稲苗の補植作業が始まる春うららかな田んぼの傍ら。
いつものように列車が駆けていく。

水を湛えた田んぼは、まるで鏡のように空を映す。
この日は暑いくらいの晴天。
静かに田植えの準備が始まった。

香淀駅に降り立つ。
決してにぎやかではないが、地域に根差してきた大切な駅。

三江線のどの駅も、地域の人によって支えられている。

田植えシーズン真っ盛り。
しっかりと安全確認をした運搬車が、踏切をゆっくり横断する。

春の暖かい日の朝。
田植え準備を始める前、駅の踏切近くでのひととき。

満開の八重桜のそばを駆け抜けてゆく。
清々しい春の日のそよ風が、桜の花を揺らしていた。

満開の桜が散った後、一面に花びらが広がる。
まるでピンクのカーペットを敷き詰めたように春色に染まる。

春の陽射しで川面が輝きを増した昼下がり。
小さな列車がコトコトと渡っていく。

田津の桜並木。
線路沿いを囲むように続く姿は、まるで桜のトンネルのよう。

江の川に夜明けとともに浮かび上がる、
鉄橋のシルエット。
朝焼けの空が次第に赤くなるなか、
一番列車が走りゆく。

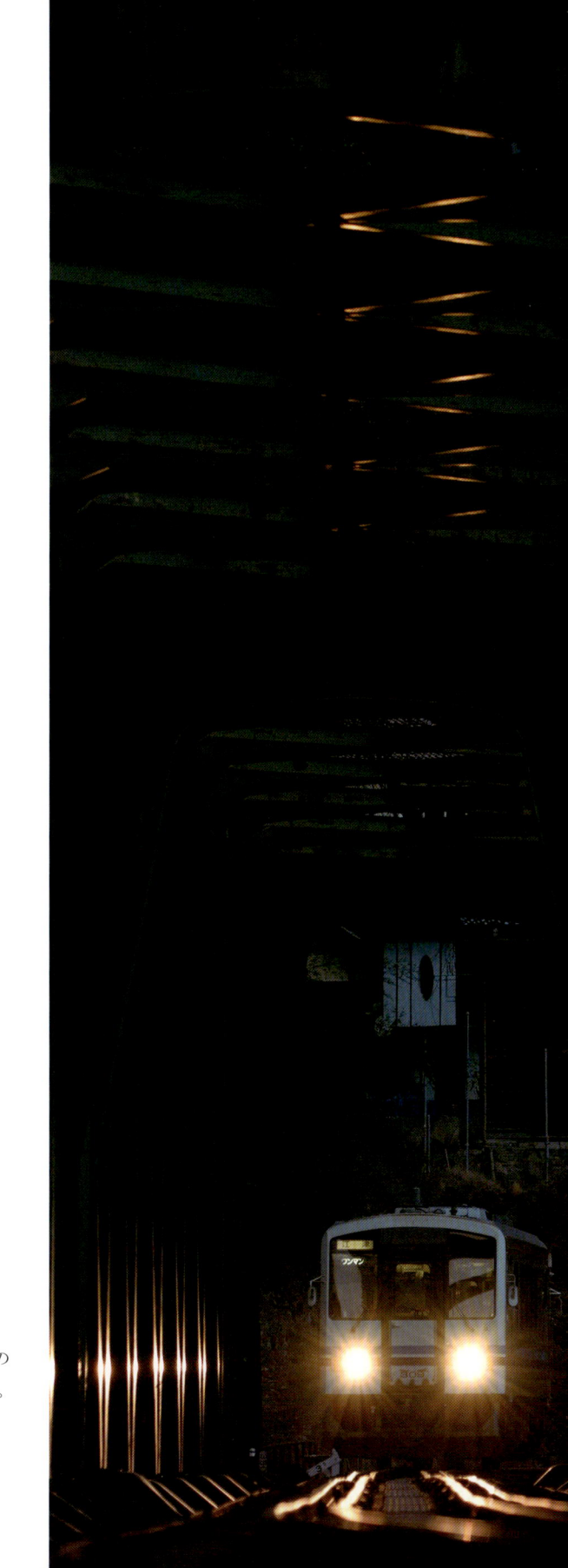

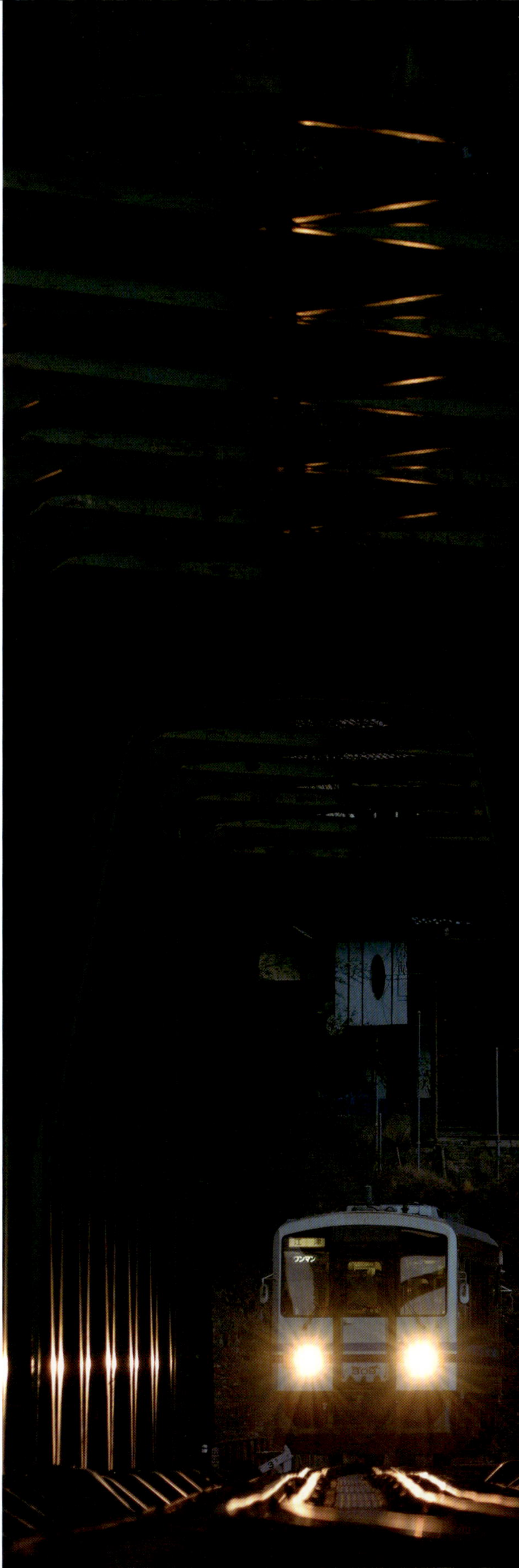

夕暮れの“第１江川橋梁”。
無骨な桁とレールが、列車の
ライトを浴びて浮かび上がる。

三次の夏を彩る花火大会。
この日には、鉄橋の上に停車する“花火観覧列車”が運転されていた。

三江線と江の川の災害

自然の脅威に立ち向かう

三江線の走る区域は、江の川の流れによって削られた山の谷底に位置します。そのため、古くから水害・土砂災害と闘ってきた地域でもありました。

そしてその沿線では、さまざまな災害対策が実施されています。ここではその一つ、「陸閘門《りくこうもん》」の機能と役割を写真とともに解説していきます。

平成25年８月24日。
記録的な豪雨災害により
被災した井原川橋梁。
（島根県川本町提供）

▲2015年　浜原陸閘門開閉操作訓練の様子。開門状態

沿線地域を水害から守るために。

三江線の沿線は、その立地から水害や土砂災害が起こりやすい地域で、昭和47年７月12日に発生した大水害については、詳細な記録が残されており、三江線の各駅にも水没の記録が掲出されています。

三江線と江の川の治水対策の歴史は古く、洪水時に水の流れを緩めて被害軽減を図るため、竹を植栽した水害防備林があります。現在でもその効果を発揮していますが、近代においては住宅の多い地域では堤防を整備することで、洪水そのものを防止する対策がとられています。

そこで問題となるのが三江線の敷設位置で、江の川下流域では戦前に敷設された線路と比較して、後から整備する堤防の高さの方が高くなることが多く、双方が交差する地点においては、堤防に線路を通すための開削部分を作らざるを得ません。

この状態では、増水時に開削部分から住宅地に水が溢れ出し、洪水が発生します。その対策として、線路の方が堤防より低くなる交差部分に陸閘門が設置されています。鉄道の陸閘門は全国的に見ても珍しい設備ですが、三江線には８箇所に設置されており、この線路の特色のひとつとなっています。

▲開閉操作中

▲ほぼ閉門した状態

陸閘門とは、平時には開放しておき列車の通行を確保するものの、増水が予想される際には速やかに閉門し、堤防の一部となって洪水を防止するための水防施設です。

金属製の巨大な門扉の開閉操作はすべて人力で行なわれ、門扉の側面には止水用のゴムが付いており、閉門すると側面からの水漏れはなくなります。続いて門扉下部に付属する止水装置をセットすることで門扉下部とレールとの隙間がなくなり水漏れがなくなりますが、水防体制時には念のため門扉の前に土嚢《どのう》を積み、さらなる止水性を確保します。

線路と交差し、堤防の連続性を確保できない箇所に設置される陸閘門。増水時に門扉を閉めることで洪水を防ぐ。

毎年、出水期を前に国土交通省・自治体・JRの三者共同で点検を兼ねた開閉操作訓練が実施される。

陸閘門MAP
SANKO LINE PHOTOBOOK
日本海
NIHONKAI
大田市
OHDA
川本町
KAWAMOTO
江津市
GOTSU
浜田市
HAMADA
島根県
SHIMANE
山陰本線
山陰自動車道
浜田自動車道
三江線
仁万
馬路
湯里
温泉津
石見福光
黒松
浅利
江津《ごうつ》
江津本町《ごうつほんまち》
千金《ちがね》
川平《かわひら》
川戸《かわど》
田津《たづ》
石見川越《いわみかわごえ》
鹿賀《しかが》
因原《いんばら》
石見川本《いわみかわもと》
木路原《きろはら》
竹《たけ》
乙原《おんばら》
石見簗瀬《いわみやなぜ》
明塚《あかつか》
粕渕《かすぶち》
浜原《はまはら》
宇都井《うづい》
01
川戸第1陸閘門
02
★川戸第2陸閘門
03
★川越陸閘門
04
鹿賀陸閘門
05
因原第1陸閘門
06
因原第2陸閘門
07
★川本陸閘門
08
★浜原陸閘門
★アクセスしやすく、見学におすすめ。
375
9
261
3

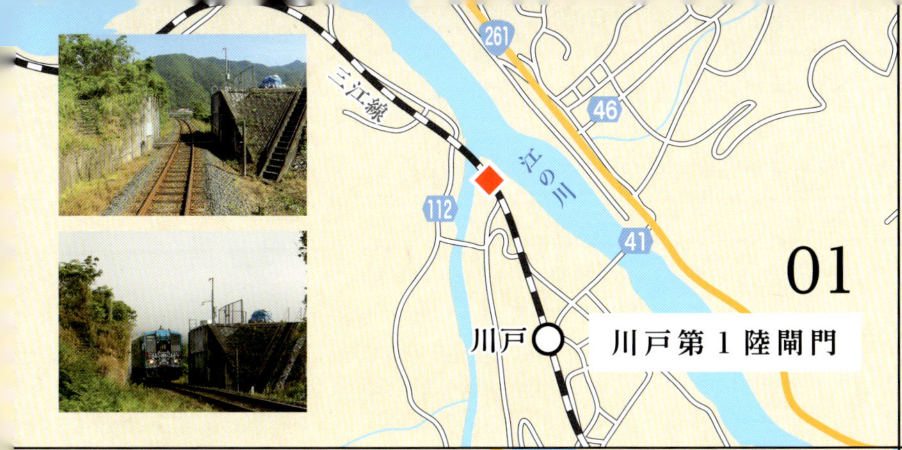
三江線
261
46
江の川
112
41
川戸
01
川戸第1陸閘門

川戸
261
江の川
三江線
112
02
★川戸第2陸閘門

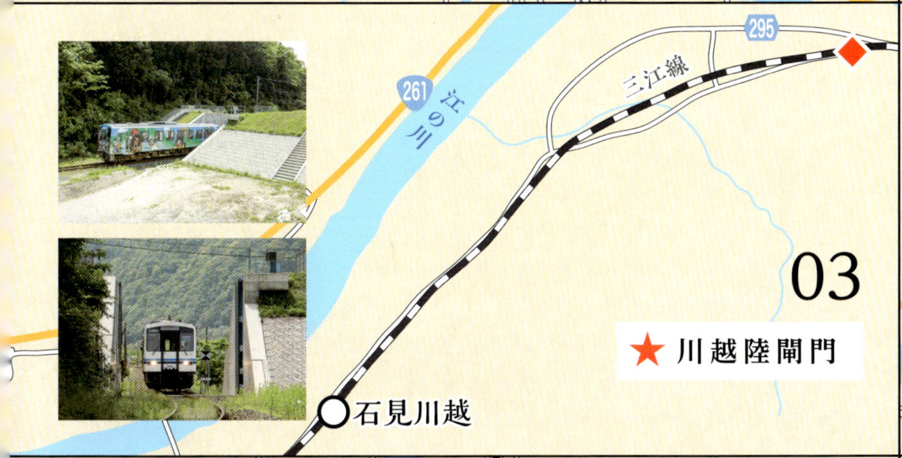
295
三江線
261
江の川
石見川越
03
★川越陸閘門

261
鹿賀
江の川
三江線
295
04
鹿賀陸閘門

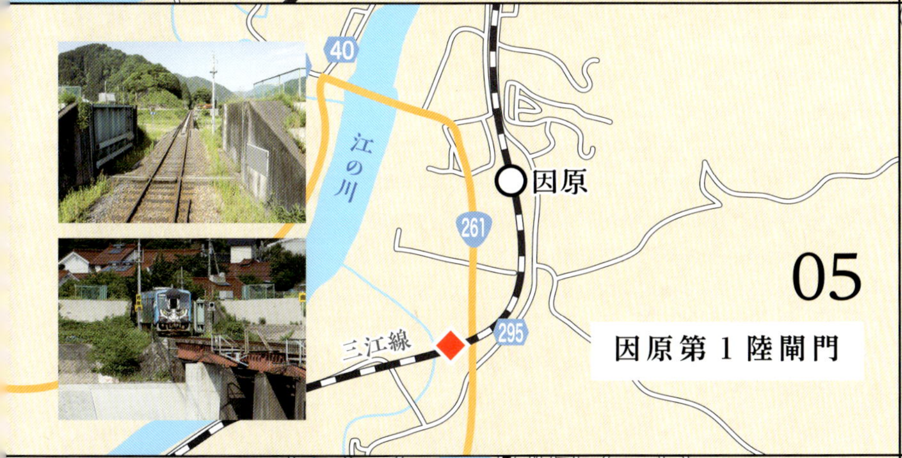
40
江の川
因原
261
三江線
295
05
因原第1陸閘門

三江線
291
40
江の川
261
因原
06
因原第2陸閘門

石見川本
三江線
31
江の川
40
07
★川本陸閘門

375
柏淵
三江線
江の川
08
★浜原陸閘門

1969～

1969年 8 月15日　浜原駅

1969年 8 月24日　浜原駅

1969年 8 月24日　浜原駅

1970年 6 月17日　浜原駅

1972年 6 月19日　浜原駅

1972～

1972年　大水害発生

大水害により被害を受けた粕淵－浜原駅区間

1974年　三江線敷設工事

浜原駅。敷設される大量のレールが準備されている

工事の拠点となった沢谷駅には側線が設けられていた

砕石をレールの下に敷く作業

浜原駅。敷設工事の先端部よりトンネル坑口が見える

沢谷駅。新線路のつき固め作業

浜原駅構内の作業風景

1974～

1974年頃　石見松原駅～石見都賀駅間。建設中の橋梁（美郷町長藤）

1974年頃　建設途中の石見都賀駅

1992～

1992年　浜原駅にて

1992年　川平駅－川戸駅区間。八戸川鉄橋を通過中のイベント列車

1992年　粕淵駅－浜原駅区間

1997年　沢谷駅－潮駅区間。上り江の川号

三江線愛を持ち寄って

ここは、三江線沿線で由緒ある街道沿いにある“知る人ぞ知る”撮影地。難攻不落なお立ち台ゆえ、良いアングルが決められないまま臨時列車が来てしまい、咄嗟のウラ技「ジオラマ風」モードで撮影。後日スタッフに見せたら「その手があったか!!」と、笑いながらの大絶賛で驚きました。

三江線には、まだまだ知られていない魅力がたくさんあるようです。撮影者それぞれの“三江線愛”のつまった一枚一枚が、皆さんの心へ届けば幸いです。

撮影者代表　福間 寿彦

SANKO LINE PHOTOBOOK

三江線写真集

2016年7月15日　第1刷発行
2018年2月3日　第4刷発行

発行人 …………………… 田淵 康成
発行所 …………………… 今井印刷株式会社
〒683-0103　鳥取県米子市富益町8
TEL 0859-28-5551　FAX 0859-48-2058
発　売 …………………… 今井出版
印　刷 …………………… 今井印刷株式会社

企画・デザイン ……… 佐古 悠太
制作 ……………………… 片岡 大
写真・キャプション…… 山岡 亮治／田原 幹夫／小西 昌史／原 知之／福間 寿彦
資料提供………………… 源 連城／勝部 恵太
文 ………………………… 松島 道幸／勝部 恵太
協力 ……………………… 三江線活性化協議会／島根県川本町

このほか、本書の取材・執筆にあたり、多くの方々にご協力いただきました。
皆様のご厚意に感謝申し上げます。

※本書の内容はすべて取材当時（2016年）のものです。
※本書はJR西日本商品化許諾済商品です。
※本書の写真はすべて、土地所有者に許可を得た場所で撮影しています。

ISBN 978-4-86611-030-1 Printed in Japan